MW01196787

NDAS Blanks by

N.D. Author Services

www.NDAuthorServices.com

PLEASE REPORT ANOMALIES AND OR PROBLEMS WITH THIS PHYSICAL PRODUCT DIRECTLY TO US.

CONTENTS

/ /

/ /

/ /

/ /

/ /

/ /

/ /

/ /

/ /

/ /

/ /

/ /

/ /

/ /

/ /

/ /

/ /

/ /

/ /

/ /

/ /

/ /

/ /

/ /

/ /

/ /

/ /

/ /

/ /

/ /

/ /

/ /

/ /

/ /

/ /

/ /

/ /

/ /

/ /

/ /

/ /

/ /

/ /

/ /

/ /

/ /

/ /

/ /

/ /

/ /

/ /

/ /

/ /

/ /

/ /

/ /

/ /

/ /

/ /

/ /

/ /

/ /

/ /

/ /

/ /

/ /

/ /

/ /

/ /

/ /

/ /

/ /

/ /

/ /

/ /

/ /

/ /

/ /

/ /

/ /

/ /

/ /

/ /

/ /

/ /

/ /

/ /

/ /

/ /

/ /

/ /

/ /

/ /

/ /

/ /

/ /

/ /

/ /

/ /

/ /

/ /

/ /

/ /

/ /

/ /

/ /

/ /

/ /

/ /

/ /

/ /

/ /

/ /

/ /

/ /

/ /

89510466R00089

Made in the USA
San Bernardino, CA
26 September 2018